MONΩΔΗ

ΘΕΟΦΑΝΗ ΓΕΩΡΓΙΤΣΗ
ΜΟΝΩΔΗ

ΤΙΤΛΟΣ ΠΡΩΤΟΤΥΠΟΥ: ΜΟΝΩΔΗ
Θεοφάνη Γεωργίτση

Πρώτη Εκδοση Ιανουάριος 2025, Ελλάδα.

Σχεδιασμός, Φωτογραφίες,
Σελιδοποίηση & Επιμέλεια:
Θεοφάνη Γεωργίτση

ISBN: 978-618-00-5668-6

theofanigeorgitsi.com
email: info@theofanigeorgitsi.com

Στον αγαπημένο μου Frédéric P. S.

Ένα προσωπικό μήνυμα για τον καθένα σας ξεχωριστά, από τη Γεωργίτση Θεοφάνη

Νιώθω τεράστια ευγνωμοσύνη που κρατάτε αυτό το βιβλίο στα χέρια σας.
Κρατάτε στα χέρια σας ένα κομμάτι της ίδιας μου της ψυχής, και βαθιά μέσα μου ελπίζω να το αγκαλιάσετε με αγάπη.

Η *"ΜΟΝΩΔΗ"* είναι μια ωδή στην αγάπη, τον έρωτα, τον πόνο και την υπέρβαση.
Είναι ένα ταξίδι στις βαθύτερες γωνιές της ψυχής, εκεί όπου οι λέξεις αποκτούν τη δύναμη να εκφράσουν, με τόλμη και θάρρος, όσα συχνά μένουν ανείπωτα.

Μέσα από τις λέξεις, αναδύονται εικόνες μιας αγάπης που άγγιξε το άπειρο, ενός έρωτα που γέννησε φλόγες και μιας καρδιάς που δοκιμάστηκε στις πιο σκοτεινές της στιγμές.

Κάθε σελίδα είναι ένας διάλογος με την ψυχή.
Μια αφήγηση που ισορροπεί ανάμεσα στην απόγνωση της απώλειας, τη δύναμη της ανάμνησης και την ειλικρινή αγάπη.

Τα κείμενα διαπραγματεύονται τις ανθρώπινες αδυναμίες, την ευθραυστότητα της αγάπης και την αέναη προσπάθεια να βρούμε φως, ακόμα και μέσα στο πιο βαθύ σκοτάδι.

Η αγάπη εδώ δεν είναι απλώς ένα συναίσθημα, αλλά μια πορεία αυτογνωσίας

και ένα ταξίδι από τη θλίψη στη λύτρωση, σε μια προσπάθεια να κρατηθεί ζωντανή.
Είναι το χέρι που μας κρατά όρθιους όταν όλα καταρρέουν, αλλά και ο καθρέφτης που μας φέρνει αντιμέτωπους με την αλήθεια μας και την ίδια μας την ψυχή.

Έγραψα αυτό το βιβλίο για να δώσω φωνή στις πιο ειλικρινείς μου σκέψεις και στα πιο έντονα συναισθήματά μου.
Το συγγραφικό μου εγχείρημα αποτελεί μια γέφυρα που ενώνει την προσωπική μου αλήθεια με τη δική σας.

Κάθε σελίδα είναι μια υπενθύμιση ότι ο πόνος, η αγάπη, η απώλεια και η ελπίδα είναι κοινές εμπειρίες που μας ενώνουν.

Αν μέσα στη *"ΜΟΝΩΔΗ"* νιώσετε, έστω και για μια στιγμή, ότι κάποιος σας καταλαβαίνει, αν βρείτε ένα κομμάτι του εαυτού σας στις λέξεις μου, τότε ο σκοπός μου έχει εκπληρωθεί.

Αυτό το βιβλίο είναι το δώρο μου σε όσους αναζητούν δύναμη μέσα από την αλήθεια τους.

Με όλη μου την καρδιά, θέλω να ευχαριστήσω τον πιο σημαντικό άνθρωπο της ζωής μου, τη μητέρα μου, Παρθένα, που είναι και ο πρώτος αναγνώστης αυτού του βιβλίου.
Τον αγαπημένο μου Frédéric για την πολυετή παρότρυνση και υποστήριξη στην ολοκλήρωση αυτού του έργου.

Τον αγαπημένο μου Χάρη για όλη τη βοήθεια και τη στήριξη σε αυτό το ταξίδι.
Και τον αγαπημένο μου δάσκαλο στη μουσική και στη ζωή, Βασίλη.

Σας αγαπώ.

Τέλος, θέλω να τιμήσω τη μνήμη του πιο αγαπημένου μου καλλιτέχνη και δασκάλου, Βαγγέλη Παπαθανασίου.
Εκτός από την αγάπη μου και τον θαυμασμό μου προς αυτόν ως καλλιτέχνη, επαγγελματία, άνθρωπο και Έλληνα, τη *"ΜΟΝΩΔΗ"* την έγραψα ακούγοντας ολοκληρωτικά μόνο τη μουσική του άλμπουμ *"Nocturne"*.
Σας προτείνω να το συνοδεύσετε με την ανάγνωση του βιβλίου.
Η μουσική του είναι μια πραγματικά εμπνευσμένη ευλογία για μένα.

Σας ευχαριστώ από καρδιάς για την τιμή που δίνετε στις λέξεις μου μέσα από την ανάγνωσή σας.

Με αγάπη & σεβασμό,
Θεοφάνη

Δίδυμη φλόγα μου,

Αβάσταγη, φλεγόμενη και
ηθική αγάπη μου που καίς
στα στήθη μου και αναγεννάς
ακατάπαυστα αισθήματα από
τις στάχτες σου,
επουλώνοντας κάθε πληγή.

Φωτιά μου αθάνατη και
δροσιά στο αγνό και καθαρό
πύρινο πνεύμα μου.

Σ' αγαπώ αμίλητα.
Σ' αγαπώ άπραγα.
Σ' αγαπώ τυφλά.
Σ' αγαπώ αιώνια
Σ' αγαπώ.

THEOFANI

Αγάπη μου.

Δεν ξέρω πώς να αρχίσω.

Ποτέ δεν θα πάψουν οι λέξεις μου για σένα να είναι **βρεγμένες από δάκρυα.**

Ένα γράμμα… ένα βιβλίο… μια στιγμή…μια ζωή…

Το τι μπορεί να μας χωρέσει… δεν το έμαθα ποτέ. Το μόνο που έμαθα είναι **αυτό που μπορεί να μας χωρίζει.**

Η πιστή μου καρδιά **μαρμάρωσε στον χρόνο** μαζί με την αγάπη, που γεμίζει ατέρμονα τα δοχεία της ψυχής μου, καθώς ωριμάζει και παλαιώνει σαν **εκλεκτό κρασί.**

Τα δάχτυλα γράφουν και τα μάτια μου με δυσκολία αντικρίζουν.

Πνιγμένα αισθήματα, πνιγμένες φωνές, πνιγμένες στιγμές, πνιγμένα "σ' αγαπώ", πνιγμένα λόγια.

Όλα μια **σκληρή θάλασσα** που με καταπίνει.

Μα έμαθα να μην την φοβάμαι, αλλά να ζω στα νερά της χωρίς **το οξυγόνο μου.**

Χωρίς εσένα.

Απόψε οι λέξεις μου φαντάζουν με ποτάμια πνιγμένα.

Με παράφωνες κραυγές που φοράνε ασημοκέντητες σιωπές και, καλπάζοντας στον αέρα, τρέχουν σαν μανιασμένα άλογα προς το μαύρο χρώμα που σκεπάζει τον ορίζοντα… Και χάνονται.

Μαύρο χρώμα που σου μοιάζει και μου σαγηνεύει το μυαλό και τις αισθήσεις.

Θέλω να νιώσω ξανά ότι με κρατάς δέσμια στις σκέψεις σου και στην καρδιά σου.

Να είμαστε αιχμάλωτοι στο φλεγόμενο, τρελό πάθος και να μοιραζόμαστε την ίδια αγωνία των κορμιών μας.

Η πιο όμορφη γύμνια που αντίκρισα και απόλαυσα περισσότερο στη ζωή μου ήταν στο βλέμμα σου.

Μάτια γεμάτα με καθάρια συναισθήματα, αλήθειες και αγάπη.

Απαλό μου άγγιγμα, βραχνή φωνή μου, ανάσα μου, που γέμιζες το σώμα μου με οξυγόνο, ακουμπώντας ατελείωτο έρωτα στα χείλη μου.

Καρδιά μου, που έπαψες να μετράς τον χρόνο και δεν σταματάς να χτυπάς ποτέ, για να συνεχίζω να σε αγαπώ.

Ακροδάχτυλα απαλά, που ζωγράφιζες τα όνειρά μας στο σώμα μου και τα σφράγισες με σταυρό στο μπράτσο, σαν ευλογία που δεν πίστευες.

Μου λείπεις…

Ακόμα και το φεγγάρι δεν βρήκε τη δύναμη, μέχρι σήμερα, να βγει για να μας αποχαιρετήσει.

Σε έναν ρυθμό επιθυμίας, χορεύει απόψε η αγάπη με το όνειρο, καθώς η σιωπή κρατάει κλειδωμένες τις φωνές μας.

Ο πόνος μου απέκτησε σοφία και το τραύμα μου μορφή.

Τη δική σου.

Έλα για λίγο. Δώσε μου το κλειδί της αμνησίας… και ύστερα φύγε.

Κουράστηκα να ζω με πονεμένα δάκρυα στα μάγουλα.

Δεν αδειάζουν τα αισθήματα της καρδιάς μου, όσα κι αν ξοδέψω.

Ο χρόνος γερνάει και σκοτώνει όλα τα αισθήματα που παίρνει μαζί του.

Εμείς γιατί μένουμε ανέγγιχτοι στον χώρο του;

Σε ό,τι αντικρίζει το βλέμμα μου, ακουμπώ τις σκέψεις μου για σένα.

Έχουν τόσο μεγάλη ανάγκη να αναπνεύσουν ελεύθερες.

Πάνω στα χλωρά φύλλα, τα πέταλα ψιθυρίζουν λόγια που δεν ειπώθηκαν ποτέ από τα δειλά μου χείλη.

Σε αδειάζω από την ψυχή μου στον άνεμο, μα εσύ επιστρέφεις.

Ντύνω τη γύμνια της θλίψης μου με μια μπλε φανέλα και σε αγκαλιάζω, πάντα με τρεμάμενη στοργή.

Ό,τι είσαι, το κράτησα στα χέρια μου και στην καρδιά μου.

Η πατρίδα της αγάπης μου είναι η δική σου καρδιά.

Μέρος δύσβατο, μακρινό και γεμάτο αγκάθια.

Τόπος νεκρής γης πια, πνιγμένος στη βρώμικη ομίχλη που σε σκέπασε και χάθηκες.

Χάθηκες.

Πες μου μια αλήθεια, να βρω ουσία στην αγάπη.

Η καρδιά της αγάπης εγκλωβίστηκε στο θυμητάρι των συναισθημάτων και ζει σφιγμένη από τον πόνο, σπαράζοντας για να ελευθερωθεί.

Έσπασαν τα όνειρά μας σε χιλιάδες κομμάτια και σκορπίσαμε στους αιθέρες.

Θα μπορούσα να ζήσω ολόκληρη αιωνιότητα μαζί σου, μαζεύοντας τα από την αρχή.

Τα πάντα για το «Για Πάντα», μέχρι και τον τελευταίο κόκκο σκόνης από αυτά.

Πόσα μελαγχολικά μυστικά έκρυψες στα βλέφαρά σου, φεύγοντας;

Πόσα από αυτά μοιράστηκες με τη νύχτα, κοιτώντας τον σκοτεινό ουρανό της;

Άραγε οι σκέψεις μας συναντήθηκαν στο μαύρο κάποιου ορίζοντα;

Αποδημητικές σκέψεις γεμάτες αγάπη στολίζουν τον νυχτερινό ουρανό.

Τις βλέπω να χορεύουν απαλά ανάμεσα στα αστέρια και να χάνονται.

Τα χείλη μου παραμένουν κλειστά, σαν θαλάσσιες ανεμώνες, από συγκίνηση και θλίψη.

Πνίγομαι μέσα στον ωκεανό της σιωπής, αλλά σου μιλάω.

Αισθήματα σαν μαργαριτάρια, που θα έπρεπε να κοσμήσουν την ψυχή σου, κρύβονται και ομορφαίνουν μέσα σε σκοτάδια και δάκρυα.

Διαλύεται ο κόσμος γύρω μου, μακριά σου.

Ουρλιάζω σωπαίνοντας και παλεύω να σωθώ.

Η ψυχή μου έσπασε σε χιλιάδες κομμάτια και με πληγώνει ασταμάτητα.

Όσος χρόνος και αν χρειαστεί για να κλείσουν οι πληγές μου, **ΕΣΥ** θα είσαι πάντα το σημάδι μου.

Και ΕΓΩ δεν θα είμαι ποτέ η ίδια.

Σε ένα μέρος που σου μοιάζει, καταλήγουν τα αδιέξοδα της καρδιάς μου.

Εκεί που ήθελες να πάμε μαζί, όπως μου είχες πει.

Ηλιοβασιλέματα με κατακόκκινα χρώματα κλέβουν τις σκέψεις μου και τις ξεπλένουν σε δροσερές θάλασσες με ασημένια κύματα, που ψάχνουν να σε βρουν.

Όλα τα όμορφα τοπία που αντικρίζω γίνονται μελαγχολικά και μοιάζουν με απαγορευμένους παραδείσους χωρίς εσένα.

Η αγάπη που δεν μοιράζεται γερνά αιώνια από στεναχώρια.

Πόσα «σ' αγαπώ» έμειναν ανείπωτα στο ψέμα του χρόνου;

Οι αναμνήσεις έχουν ζωή, καρδιά, ψυχή, βλέμμα και αναπνοή.

Περιπλανιούνται, αναζητώντας αόρατες πολιτείες για να κατοικήσουν.

Έναν μικρό ουρανό έχω ανάγκη, για να νιώσω ότι δεν είσαι τόσο μακριά μου.

Ένα αστέρι γνώριμο, που δεν κρύφτηκε και που το κοιτάζαμε μαζί.

Σιωπή του νου μου, πόσο ακόμα μπορείς να αντέχεις και να τον συγχωρείς;

Όταν οι αριθμοί του χρόνου χαμογέλασαν και βρέθηκες μπροστά μου, έγινες τα πάντα μου σε μία μόνο στιγμή.

Επιθυμία βαθιά, που έπνιγε τη λογική στα χειμαρρώδη ποτάμια του έρωτα.

Στο "Εγώ" και στο "Εσύ", ο πυρήνας της γης ήταν γλυκύτερος από μέλι.

Τώρα ξέρω...

Είναι οι χαμένες αγάπες που γέμισαν πάγο τους πόλους της γης, κι όταν πάψουν να αντέχουν, θα μας πνίξουν.

*Περιπλανήσεις σε
σπασμένους χάρτες, με
προορισμούς που δεν μας
μάθανε ποτέ και χάθηκαν στη
σκόνη του καιρού.*

*Οι ψυχές μας, πυξίδα που
χάλασε και γυρίζει σαν τρελή,
ψάχνει να βρει έναν ήλιο και
μία ανατολή για να
παρηγορηθεί.*

*Η καρδιά σου ήταν από χαρτί.
Η δική μου καρδιά από γυαλί.*

Και οι δυο κοπήκαμε.

THEOFANI

Αγάπη μου.

Αγνό μου συναίσθημα, τρυφερή και μοναδική μου λαχτάρα.

Κατοικείς σε κάθε ουρανό που αντικρίζουν τα μάτια μου. Σε κάθε τι όμορφο που βλέπω, που ακούω, που γεύομαι, που μυρίζω και απολαμβάνω.

Έχω συνδέσει την ομορφιά όλου του κόσμου με σένα, μάτια μου.

Μάτια μου…

Ακόμα δεν μπόρεσα να προσπεράσω το βλέμμα σου και να ξεπεράσω τον εαυτό μου.

Θα ήθελα να ξεκουράσω τα κρυμμένα μου δάκρυα στον ίσκιο της ψυχής σου.

Να ακουμπήσω τα χαμένα μου χαμόγελα πάνω στην καρδιά σου, για να ζεσταθώ.

Όλες οι ομορφιές πάντα αναδύουν μία μελαγχολία γύρω μου.

Είναι δύσκολο και επώδυνο να κουβαλάς αγάπη στην καρδιά σου, **τελικά.**

Την τελευταία φορά που μου έδωσες το φιλί της καληνύχτας, ήξερα ότι θα ήταν και το τελευταίο.

Ξέρεις γιατί;

Γιατί από την πρώτη μέρα, κάθε φορά που έφευγες, γύριζες πάντα να με κοιτάξεις.

Εκείνη την ημέρα, δεν το έκανες.

Σε έβλεπα να απομακρύνεσαι με γυρισμένη την πλάτη από το βλέμμα μου, μέχρι που η λεπτή μαύρη γραμμή του δρόμου ένιωσα να γίνεται μαύρο πανί που με τύλιγε και με έπνιγε.

Δεν υπήρχε χώρος παρηγοριάς για να μαζέψει τα δάκρυα που έτρεχαν ανεξέλεγκτα στο πρόσωπό μου.

Ήταν η πρώτη φορά που επέστρεφα στο σπίτι και τα βήματά μου ήταν βαριά.

Τα πόδια μου ένιωθα ότι είχαν μείνει μετέωρα από τους δρόμους των ονείρων μας.

Ήταν η πρώτη φορά που κοίταξα κατάματα τη θλίψη, ενώ δεν καταλάβαινα αν η ψυχή μου καίγεται στο στομάχι μου ή αν πάγωνε στο στήθος μου.

Κατάπινα κραυγές για να μην με ακούσει κανείς, και τα αισθήματά μου ανέβαιναν στον λαιμό μου…

Ένιωθα χαμένη, και όμως ήμουν στο σπίτι.

Ανέβηκα ξυπόλητη τις σκάλες για να πάω στο δωμάτιο που έβλεπε στο στενό δρομάκι, εκεί που κλείναμε ό,τι όμορφο είχαμε ζήσει πιο πριν.

Δεν άνοιξα τα φώτα.

Κατευθύνθηκα στο παράθυρο και κοίταζα τον έρημο δρόμο.

Ήθελα να μας βλέπω ακόμα εκεί.

Είχα ανάγκη να ακούω τη φωνή σου και να σε βλέπω να μου χαμογελάς.

Λίγα λεπτά αργότερα, ένα φως αναβόσβηνε στο σκοτεινό δωμάτιο.

Ήσουν εσύ.

Δεν σταμάτησα να κοιτάω το δρομάκι μέχρι το ξημέρωμα.

Από εκείνη τη νύχτα, αγκάλιασα για πάντα τη θλίψη, κι ας έλεγες ότι ήσουν ακόμα εδώ.

Ίσως να ήταν και το πρώτο σου ψέμα.

Δεν ξέρω.

Δεν το έμαθα ποτέ.

Τα δάκρυα της σιωπηλής ψυχής είναι στίχοι ανείπωτοι σε μουσικές που δεν βρέθηκε δύναμη να γραφούν.

Μελωδίες που γεννήθηκαν χαρούμενες και γέμισαν αγκάθια με την θλίψη του πόνου.

Παράπονα αγάπης χαϊδεύουν σκιές από πληγές και σημάδια που δεν χάνονται στον χρόνο.

Βουβοί και εγκλωβισμένοι αναστεναγμοί κουράζουν τις νύχτες και τα φεγγάρια ατελείωτα.

Εκεί θα με βρεις.

Εκεί κλείδωσα τη φωνή μου.

Εσύ και εγώ δεν είχαμε ποτέ πραγματικό λόγο σύγκρουσης.

Προσπάθησα να βρω μια στιγμή που φταίγαμε και οι δύο, αλλά πίστεψέ με, μάτια μου, δεν υπάρχει.

Τίποτα άσχημο δεν φτιάχτηκε από εμάς, τελικά.

Πόση αδικία μας αγκάλιασε.

Πόση θλίψη μας σκέπασε και βρήκε παρηγοριά στην **άμυνα του θυμού.**

Γίναμε ανυπόφοροι από έρωτα, στη λάθος συνθήκη της αδυναμίας σου.

Πες μου πόσο κόκκινο ξεχύθηκε από τις καρδιές μας, όταν λαβωθήκαμε από τα βέλη του έρωτα.

Πόση γλύκα είχε το χτύπημά του, και αιμορραγούσαμε ατελείωτα αγάπη και πάθος που πότιζαν τα σωθικά μας, από τα κύτταρα ως τις ψυχές μας, χωρίς πόνο.

Το ίδιο ποτήρι γεμίζαμε και αδειάζαμε αδιάκοπα, πίνοντας ευτυχία.

Γυμνές ψυχές, γυμνές σάρκες, που ανήκαμε ο ένας στον άλλον ολοκληρωτικά.

Δάχτυλα πλεγμένα και παλάμες ιδρωμένες, που αντάλλασσαν δύναμη και επιθυμία.

Ανάσες που χόρευαν σε αναστεναγμούς και λέξεις πνιγμένες στις γλώσσες μας.

Καρδιές, σαν μία, που συνέθεταν την κοινή μας μελωδία — μια μελωδία που μόνο εμείς ακούσαμε.

Βλέμματα που άνοιγαν και έκλειναν στον ρυθμό μας, με στοίχους ανείπωτους και λάμψη που σκίαζε τον χρόνο.

Πες μου.

Πες μου πόσο κόκκινο πήγε χαμένο.

Η ψυχή μου αντηχεί στους θαμπούς ουρανούς και στα ασημένια σύννεφα της λύπης.

Αιχμηρά δάκρυα βροχής πέφτουν στις φλέβες της γης και την ματώνουν.

Αστραπές ουρλιάζουν και ξεσπούν.

Ύστερα τρέχουν να κρυφτούν, για να σωπάσουν.

Αβάσταχτες σταγόνες, που δεν ξεπλένουν, αλλά πληγώνουν.

Κρύβω τα δάκρυά μου στο βρεγμένο μου πρόσωπο και βλέπω τις σκέψεις μου να διαλύονται στις υγρές φυλλωσιές των δέντρων.

Μην ανησυχείς.

Δεν θα σε αφήσω να βραχείς.

Και θα αντέξω.

Στην αγάπη, η σιωπή αρχίζει να γίνεται τρόπος έκφρασης, όταν αγαπάς αληθινά **ή όταν πονάς αληθινά.**

Απρίλιος.

Μήνας γιορτής.

Όταν η καρδιά ουρλιάζει στη λογική, και η λογική απαντά: **«Σταμάτα να κλαις».**

Όταν η καρδιά σπαράζει, αιμορραγώντας, και η λογική τραγουδά κάθε μελωδικό χάδι παρηγοριάς, που θυμάται να μου χάρισες.

Έμεινα εδώ, να χορεύω στον ρυθμό της ζωής με ματωμένα βήματα… σωπαίνοντας.

Η ζωή μου έκανε το πρώτο δειλό βήμα ξανά, όταν συμφιλιώθηκα με την οδυνηρή σκέψη ότι δεν θα σε δουν τα μάτια μου όπως άλλοτε.

Η καρδιά μου με ρωτάει κάθε πρωί αν αυτό είναι το τελευταίο «σ' αγαπώ» που θα σου πω.

Έμαθα να την ξεγελάω, λέγοντας της κάθε μέρα: «Όχι σήμερα».

Και έτσι περνάει ο καιρός.

Με την ελπίδα ενός
αμοιβαίου έρωτα, φορτώθηκα
μια αιώνια αγάπη που πονά.

Γονάτισα από την κούραση
της θλίψης, ξεσπώντας με
λόγια στενάχωρα.

Και όταν ο Θεός με αντίκρισε,
νόμιζε ότι προσεύχομαι.

THEOFANI

Αγάπη μου.

Γλυκό μου όνειρο, αγαπημένη μου ανάσα, που θέλω να γευτώ από τα χείλη σου για να βρω το οξυγόνο μου.

Η σκέψη μου απόψε είναι ακόμα μια γλυκιά στιγμή που τη χάνουμε μαζί.

Απόψε θα κοιμηθώ με την ευχή να μπορέσω, μια μέρα, να νιώσω την γλυκιά παράλυση στα χέρια, επειδή θα σε κρατήσω όλη τη νύχτα στην αγκαλιά μου.

Αν ο έρωτας έχει μέσα του το όνειρο, τότε μπορώ να σε αγγίζω και να χαϊδεύω το χρυσαφένιο χρώμα της ψυχής σου, μέχρι να βγει ο ήλιος και να ενωθεί με τη λάμψη σου.

Το σώμα σου είναι ο ιδανικός μου τόπος.

Εκεί θέλω να με βρει το ξημέρωμα.

Η αγάπη έγινε τέχνη όταν, μαζί, ξεπεράσαμε τα όρια της υπερβολής.

Μόνο η υπερβολή θα μπορούσε να εκφράσει τη δική μας αγάπη.

Σου μιλώ για τη στιγμή που ξεχάσαμε αυτό που ήμασταν και γίναμε αυτό που θέλαμε ο ένας για τον άλλον.

Συναισθήματα που μετατρέπονταν σε επιθυμία.

Επιθυμία που γινόταν ανάγκη.

Θερμή ανάγκη στη φωτιά του πάθους και της πραγματικότητας που μπορούσε να μας αντέξει.

Καμιά φωτιά δεν υπήρξε σαν τη δική μας.

Καμία γεύση δεν ήταν σαν την πρώτη δική μας, στο πρώτο μας φιλί.

Όσα χρώματα κι αν αντίκρισα από εκείνη την ημέρα, κανένα δεν είχε την απόχρωση της ψυχής σου.

Περισσότερο μου έλειψε να μιλάω με το χαμόγελό σου.

Να νιώθω ασφαλής στην αγκαλιά σου.

Να ερωτεύονται τα βλέμματά μας στα ειδυλλιακά τοπία της αμοιβαιότητας.

Καμιά στιγμή δεν μένει δεδομένη στον κόσμο της πραγματικότητας.

Είναι ψέμα ότι υπάρχουν μεγάλες στιγμές.

Υπάρχουν μικρές στιγμές, με πολύ, πάρα πολύ ΑΓΑΠΗ.

Εκεί πάγωσαν οι σκιές μας, αιώνια αγκαλιασμένες.

Πόσες μουσικές μπορούν να γεννηθούν από δύο ανάσες που σμίξανε στον απόηχο των συναισθημάτων της καρδιάς.

Πόσα ποιήματα μπορούν να χαράξουν τα ακροδάχτυλα μας με ανεξίτηλα χάδια στις σελίδες τις αγάπης.

Ευλογημένη σμίξη, που βάδιζε ανέμελη στα μονοπάτια του καιρού και χόρευε ξέγνοιαστη και χαρούμενη στο φως και στο σκοτάδι, με τα μάτια ανοιχτά, χωρίς να μας υπολογίσει.

Μοναδικές στιγμές που γίνονταν αιώνας από την δύναμη της αλήθειας και της απόλαυσης.

Στιγμές που ξεγέλασαν τον χρόνο και δεν μπήκαν ποτέ στο ξύλινο καραβάκι για το παρελθόν.

Παρά μόνο έμειναν μαρμαρωμένες στην τελευταία στάση, δίπλα στο περίπτερο, να μοιρολογούν βουβές κοιτώντας το **"ΕΚΕΙ"** που κάποτε γέμιζε με το γέλιο μας.

Ονειρεύομαι τα όνειρά μας.

Αόρατα τοπία φτιαγμένα μόνο από αισθήματα, σε ένα αύριο δίχως ημερομηνία, ήλιο και φεγγάρι.

Αισθήματα που μεγαλώνουν και ωριμάζουν, όπως μεγαλώνω και ωριμάζω κι εγώ, στο ψεύτικο χαμόγελο του χρόνου.

Σε αγκάλιασα τόσο δυνατά, που έγινες το μέσα μου.

Από εκείνη την ημέρα, φύλαξα τη φλόγα της αύρας σου και έμαθα να ζω με τη ζέση σου.

Αγαπημένη συνθήκη μιας στιγμής που μεταμορφώθηκες από το «Αισθάνομαι» στο «Είναι» μου.

Είναι που, μερικές φορές, ακόμα και τα λάθη, όταν βρίσκονται στο σωστό μέρος, μπορούν να ανθίσουν καρπούς.

Να ομορφύνουν, να δυναμώσουν, να βγάλουν ρίζες και να ψιθυρίζουν για πάντα:
«Σ’ αγαπώ».

Σ' αγαπώ.

Αγέλη αναμνήσεων που ταξιδεύει στα ασφαλή μονοπάτια του χρόνου και παλεύει να επιβιώσει.

Συναισθήματα που πετρώνουν στο φως της ημέρας και ζωντανεύουν τη νύχτα, πίνοντας καθαρό νερό από την αιώνια πηγή της αγάπης.

Της αγάπης που δεν στερεύει ποτέ.

Οι μορφές μας αγκαλιάζονται σε κάθε σκοτεινό ορίζοντα, ενωμένες από ασημένιες κλωστές που έραψε το φεγγάρι την πρώτη νύχτα που μας χάιδεψε με τη λάμψη του.

Την αύρα του Απρίλη σου, ακούμπησες στοργικά εκείνο το βράδυ στην ψυχή μου, και αναβλύζουν ακόμα ονειρεμένα θαύματα στον αέρα που μας ακολουθεί.

Φωνές θαμμένες στη γη προστατεύουν τη γύμνια της αλήθειας τους, καθώς ανθίζουν σαν αειθαλή, **φτιάχνοντας ρίζες στις ελπίδες τους.**

Αγάπη.

Έπρεπε να γεννηθεί από εμάς, αλλά να μείνει μόνη.

Μόνη και η μοναδική πιστή.

Υπήρξαμε ανάξιοι θνητοί απέναντι στην θεϊκή ύπαρξή της.

Οι ανθρώπινες αδυναμίες μας δεν θα μπορούσαν να την κρατήσουν καθαρή, αγνή και παραδείσια όμορφη.

Έκανα λάθος.

Δεν ήταν η αγκαλιά σου ο τρόπος για να μείνει άφθαρτη, πανέμορφη και ανθισμένη.

Νύχτες που μοιάζουν ατελείωτες, και σκέψεις υπέρογκες πηγάζουν από τα πιο ορμητικά ποτάμια της ψυχής μου.

Αποθυμιά μου, γλυκιά και ανήσυχη.

Σε ποιο σημείο του ορίζοντα να στρέψω το βλέμμα μου για να σε δω;

Σε ποιον αέρα να φυσήξω φιλιά, για να σε βρουν και να αποκοιμηθούν στα χείλη σου;

Ποιο κενό να αγκαλιάσω, για να νιώσω την αύρα σου;

Πού να είσαι και απόψε, αγάπη μου, μόνη;

Πού να στείλω τις προσευχές μου, για να σε φυλάξουν;

Σε ποιο όνειρο να ψάξω να σε βρω το ξημέρωμα, για να σε αγγίξω, χωρίς να φοβάμαι ότι θα σε χάσω ξανά;

Οι πιο σκοτεινές νύχτες υφαίνονται από τις πιο φωτεινές σκέψεις που κάνει η καρδιά.

Δεν μπορώ να σε προσέχω, **μπορώ όμως να φτιάχνω αστέρια από τον φάρο της ψυχής μου,** για να μην σου λείψει ποτέ το φως.

Στο "Μια φορά και Έναν καιρό...", χείλη που μοιράστηκαν την αλήθεια του έρωτα και της αγάπης με ανιδιοτέλεια και αμοιβαιότητα, δεν μπόρεσαν ποτέ να ξεστομίσουν τη λέξη του χωρισμού.

Αυτό σημαίνει ότι δεν χώρισαν ποτέ και ότι η αγάπη αυτή υπήρξε παντοτινή και πραγματικά γενναία.

Όταν έπρεπε.

Άραγε, υπήρξαμε
παραίσθηση του νέου χρόνου
που γεννιόταν;

Ή ήμασταν επιθυμία ένωσης
κάποιου θείου πνεύματος, που
συνέθετε μια υμνωδία αγάπης
στον Θεό του;

THEOFANI

Αγάπη μου.

Σκέφτομαι την πρώτη φορά που συναντηθήκαμε.

Κλείνω τα μάτια και την ζω ξανά και ξανά…

Θυμάμαι πώς αισθανόμουν, τον τρόπο που χτυπούσε η καρδιά μου τη στιγμή που σε αντίκρισα.

Τον τρόπο που με κοίταξες, το χαμόγελό σου, τις πρώτες λέξεις που βγήκαν από τα χείλη μας.

Το τρέμουλο στα σώματά μας, το πάθος που κόχλαζε μέσα μας, το πρώτο μας φιλί.

Την πρώτη φορά που με αγκάλιασες τόσο σφιχτά και γίναμε το απόλυτο ένα.

Δεν θυμάμαι την πρώτη φορά που αγκαλιαστήκαμε τόσο δυνατά και ραγίσαμε.

Δεν θυμάμαι την πρώτη φορά που σπάσαμε. Σπάσαμε;

Θυμάμαι τη φορά που πληγωθήκαμε από αυτό που γίναμε.

Τα τραγούδια που χορογραφούσαμε τον έρωτά μας και φώτιζαν τις καρδιές μας, είναι σήμερα τα «θυμάμαι» μου, που ακόμα ακούω και αισθάνομαι.

Στο κάποτε και το ανεξίτηλο, εκεί με αποκάλεσες αγάπη.

Σου ομολογώ ότι σε πίστεψα με όλη μου τη δύναμη, αλλά δεν έχει ιδιαίτερη σημασία αυτό.

Σημασία έχει ότι κατάφερα να σε κάνω μεγαλύτερη ΑΓΑΠΗ από τη δική σου.

Βλέπεις, η αγάπη έχει μέσα της την άβυσσο, και η ψυχή μου λατρεύει το μαύρο και το σκοτάδι.

Δεν επιβιώνει απλά· ανθίζει, και ανθίζει, και ανθίζει…

Ο σπόρος μου έγινε δάσος και το δάσος έγινε παράδεισος.

Ένας αμόλυντος, τρυφερός παράδεισος αγάπης.

Χαμογελάω καθώς σου γράφω αυτές τις γραμμές, χαμογελάω με την ψυχή μου πιο δυνατή από ποτέ και δακρύζω για μένα...

Πέρασα πολλά...

Αλλά τα αισθήματά μου στέκονται ακόμα υπερήφανα και όρθια, καθώς βλέπω την αντοχή και το παράπονο που με λυγίζουν σαν υπόκλιση στην αγάπη.

Στην αγάπη που ξεστόμισες σαν αέρας.

Όμως, δεν είναι αέρας η αγάπη, αγάπη μου!!!

Δεν είναι αέρας!!!!!

Είναι γη!

Καρποφόρα γη!

Κάποιες στιγμές αναρωτιέμαι αν χάσαμε.

Όμως, για να χάσεις κάποιον που αγαπάς, πρέπει πρώτα να τον αγαπήσεις.

Εγώ σίγουρα σε έχασα.

Εσύ;

Με την νεογέννητη ερωτευμένη αγάπη μου,
είχα ανάγκη από την παρουσία σου.

Με την ώριμη, βαθιά αγάπη μου, έχω ανάγκη
να ξέρω ότι είσαι καλά.

Είσαι;

Σήμερα είναι τα γενέθλιά σου.

Θυμάσαι τα πρώτα που δεν περάσαμε μαζί;

Έχω δύο δώρα φυλαγμένα για σένα από τότε.

Ένα μπουκέτο ευωδιαστές επιθυμίες και μια καρδιά γεμάτη αγάπη και αισθήματα.

Σ' αγαπώ για την ατελείωτη ομορφιά και την αιώνια νιότη που έφερες στην ψυχή μου με όσα ένιωσα.

Είχα την ανάγκη να σου γράψω χιλιάδες γράμματα.

Αλλά τι νόημα θα είχαν οι λέξεις μου, όταν δεν κατάλαβες τη φωνή της ψυχής μου…

Τη μουσική των συναισθημάτων της καρδιάς μου, τα μάτια και τη γλώσσα του σώματός μου όταν ήμασταν «ΕΝΑ»;

Τα πιο όμορφα «ΜΑΖΙ» είναι αυτά που υπήρξαμε ΕΣΥ και ΕΓΩ, στον ίδιο έρωτα και στο ίδιο χαμόγελο.

Οι ερωτευμένοι γίνονται γλυκιά, μα μελαγχολική ανάμνηση, ενώ οι λογικοί απλώς μάχιμα δυστυχισμένοι και καταδικασμένοι συναισθηματικά, ανολοκλήρωτοι.

Από την πρώτη στιγμή που ήρθαμε κοντά και σε ένιωσα, ήθελα να είσαι η ζωή μου.

Τίποτα λιγότερο.

Δυστυχώς, έμεινε μόνο μια στιγμή.

THEOFANI

Έτρεμε το σώμα σου στην αγκαλιά μου κάθε φορά που με άγγιζες, ενώ τα χέρια σου πάντα κρατούσαν σταθερά και με δύναμη το πρόσωπό μου μπροστά στο δικό σου.

Ηλεκτρικά φορτία οι ματιές μας, σαν μαγνήτες που ένωναν τις ψυχές μας και παραλύαμε.

Έτρεμε η καρδιά μου στα χέρια σου από φόβο μήπως σε χάσω, ενώ έκλαιγα μέσα μου από αγάπη και συγκίνηση γι' αυτό που μας συνέβαινε.

Γι' αυτό που είχαμε.

Γι' αυτό που νιώθαμε.

Τις πιο όμορφες λέξεις σου, τις άκουσα από το βλέμμα σου εκείνες τις στιγμές.

Το πιο ζεστό χάδι σου, το ένιωσα από το άγγιγμα της ψυχής σου στη δική μου.

Γίναμε το απόλυτο ΕΝΑ, ξεκινώντας από τα μάτια και φτάνοντας στο άπειρο.

Εκεί ήταν προορισμένο να χτίσουμε το σπίτι μας, αγάπη μου…

Στο άπειρο…

Και αν με αντικρίζουν σήμερα τα μάτια σου ζωντανή, υπήρξα κάποτε ζωντανή νεκρή.

Τη στιγμή που η αγάπη μαχαιρώθηκε πισώπλατα από τον δειλό, και ο έρωτας μίσησε το φτηνό.

Αδύναμη, απροστάτευτη, απελπισμένη και μόνη.

Εκεί που το πράσινο μεταμορφωνόταν σε μαύρο, καθώς η καρδιά έσβηνε μέσα στο κρύο και την παγωνιά της θλίψης.

Δάκρυα που ξέβγαζαν τη φωτιά σου και σακάτευαν τη σάρκα μου, καθώς έφτυνα την ψυχή μου σε κομμάτια, στην κομμένη από τον πόνο ανάσα μου.

Προσπαθούσα να σταθώ στα πόδια μου.

Στεκόμουν στο παράθυρο, ανήμπορη να κάνω βήμα, κοιτάζοντας την αχνή μορφή μου στο τζάμι.

Και έκλαιγα χωρίς ελπίδα, ουρλιάζοντας σε βουβές προσευχές.

Και κοιτούσα τον ουρανό, και όλες οι στέρνες του γέμιζαν με δάκρια πόνου, **και έβρεχε ασταμάτητα.**

Ασταμάτητα.

Το τοπίο έλιωνε μπροστά στα μάτια μου και αντίκριζα μόνο το μαύρο και το γκρι, καθώς χανόμουν για αιώνες.

Πέθαινα.

Άγγιζα το τζάμι με τα μάτια κλειστά, και ήταν σαν να άγγιζα το στήθος σου — χωρίς θέρμη, χωρίς καρδιά.

Χωρίς εμένα... αλλά και χωρίς εσένα.

Την τελευταία φορά που επέστρεψα, το δωμάτιο εξακολουθούσε να είναι όπως πριν.

Αλλά εγώ… δεν μπόρεσα ποτέ ξανά να αναγνωρίσω τα χρώματα γύρω μου.

Και έτσι, γνώρισα το χρώμα της.

Αυτό της απόγνωσης.

Κοίταξα τον εαυτό μου με κατανόηση στον καθρέφτη και σκέφτηκα :

Δεν είναι ταιριαστό σε μια καρδιά γεμάτη φως, φωτιά και αισθήματα να έχει μια ψυχρή και γεμάτη όψη δυστυχίας.

Και έτσι, έκλεισα τα μάτια μου, με αγκάλιασα χαμογελώντας, και κοίταξα με ειλικρίνεια τον πυρήνα της καρδιάς μου.

Αθώα, ανυπέρβλητη αγάπη, το πιο ισχυρό και σπάνιο δώρο στον κόσμο αυτό, η μεγαλύτερη ανάπτυξη των ικανοτήτων μου.

Και η έκφραση που Μου ΠΡΕΠΕΙ...

Συζητώ με την καρδιά μου και αναρωτιέμαι:

Αυτή κουράζει εμένα ή εγώ εκείνη;

Η τραγωδία της φωτιάς μας δεν είναι ο αποχωρισμός, η απώλεια, ούτε η κατάληξη.

Είναι όλα αυτά που πέθαναν και έγιναν στάχτες όσο ήμασταν ακόμα ερωτευμένοι.

Πάντα έχω στο γραφείο μου μερικά κομμένα λουλούδια σε κάποιο ποτήρι πλάι μου.

Μου θυμίζουν εσένα.

Η ομορφιά και η μυρωδιά τους κρατάνε πάντα, όσο και η δική σου αγάπη.

Εγώ εδώ…

Εσύ εκεί…

Και οι ψυχές μας αντίστιξη, με δύο πιάνα, σε ένα τραγούδι λυπημένο, μοναχικό.

Η μεγαλύτερη αγάπη φέρνει τον μεγαλύτερο πόνο και τη μεγαλύτερη σοφία, σε κάθε χτύπημα που ορίζει ένα τέλος.

Έγραψα μουσική…
Έγραψα στίχους…
Έγραψα βιβλία…
Ζωγράφισα…

Κοίτα τι έκανες…
Καταντήσαμε τέχνη!

THEOFANI

Αγάπη μου δυνατή, πόσο αδύναμος ήσουν τελικά να αντέξεις κάτι τόσο μεγάλο, όσο υπήρξαμε εσύ και εγώ;

Χρειάστηκα πολύ χρόνο για να καταλάβω πόσο εγκλωβισμένος ήσουν στην ακατάληπτη και μίζερη πραγματικότητά σου.

Πόσο δειλός ήσουν για κάτι αληθινό και στ' αλήθεια σπάνιο.

Ένα ψέμα που το ονόμασες αλήθεια, για να παρηγορείς τις αδυναμίες και τους φόβους σου.

Από όλους και όλα, περισσότερο λυπάμαι τον αέρα.

Είναι ο μόνος που ήταν και είναι κοντά μας και μας γνωρίζει καλά.

Είναι ο μόνος που άκουσε τις φωνές, τις σκέψεις, τα αισθήματα, τις κραυγές αλλά και τις σιωπές μας.

Πόσες φορές ένιωσα να μου χαϊδεύει παρηγορητικά τα μαλλιά;

Και πόσες άλλες να ξεσπάει πάνω μου με κρύα βία και οργή.

Ούτε τα στοιχεία της φύσης δεν μας αντέχουν πια… και αλλάζουν.

Όπως αλλάζουμε και εμείς.

Σε σκοτεινά δωμάτια πάλευα να απαρνηθώ τα αισθήματα μου για σένα.

Δεν άντεχα να σε βλέπω να πονάς και, άλλες φορές να φεύγεις.

Με δάκρυα και πόνο υπέγραψα το εισιτήριο της φυγής μου, για να σε σεβαστώ.

Ακόμα δεν ξέρω με ποια δύναμη πάτησα το κουμπί για να σε διαγράψω.

Η διαφορά μας ήταν ότι για σένα έγινε πιο εύκολο όταν, σε μία στιγμή, πληγώθηκες στον εγωισμό σου, ενώ εγώ πληγωνόμουν για καιρό στην καρδιά.

Έπειτα, υπήρξαν στιγμές που δεν άντεχα και προσπαθούσα να σε βρω.

Ήσουν πιο δυνατός από εμένα τότε, το ομολογώ.

Σήμερα, όχι.

Δεν ήταν τυχαία η μέρα που αναχώρησα.

Σε άφησα στην αγκαλιά της μουσικής, αγάπη μου.

Ήξερα από ποια στάδια θα περνούσες και ποιόν προορισμό θα έβρισκες.

Όλα ήταν μελετημένα από εμένα.

Φρόντισα να πονέσεις όσο γινόταν λιγότερο.

Είχα βρεθεί σε αυτή τη θέση και ήξερα ότι θα είσαι καλά εκεί, έστω στην αρχή.

Από τη δική μου πλευρά τα πράγματα ήταν διαφορετικά.

Οι μελωδίες δεν μπορούσαν να με σώσουν, ούτε να απαλύνουν τη βαθιά μου πληγή.

Σκότωσα ευκαιρίες και προσπάθησα απλώς να σώσω τον εαυτό μου.

Δεν ήταν εύκολο, όμως δεν υπήρξα ποτέ μόνη μου όσο κρατούσα την αγάπη και εσένα στην καρδιά μου.

Ξέρεις, είναι καλύτερα να πονάς μόνος, παρά να πονάς δίπλα σε κάποιον που δεν του ανήκει ο πόνος.

Για σένα, όλα είχαν μια τιμή.

Και εκεί, συνεχίζεις να ξεπουλάς ακόμα τα αισθήματά σου.

Ήσουν φτιαγμένος για κάτι μεγάλο, αλλά όχι για να αντέξεις μεγάλες ποσότητες καθαρότητας, ειλικρίνειας και πραγματικής ομορφιάς.

Η δική μου τιμή ήταν συνάρτηση της πραγματικής αγάπης και της αλήθειας, πολύ μακριά από τα δικά σου νούμερα.

Γι' αυτό δεν προσπάθησα ποτέ να συγκινήσω τα αισθήματά σου με πονηριά, επιχειρήματα ή πονεμένα λόγια που καλύπτουν τις ανάγκες, τα προσωπικά μου οφέλη και τους εγωισμούς μου.

Γι' αυτό δεν φόρεσα ποτέ τη μάσκα του θύματος, και δεν σε γέμισα με ενοχές στηριγμένες στις αδυναμίες σου.

Δεν θα λέρωνα ποτέ την αγάπη που ένιωθα για σένα.

Όμως, πώς να εξηγήσεις την αγάπη σε κάποιον που δεν αγάπησε ποτέ ειλικρινά ούτε την ίδια του την καρδιά;

Από όλους τους ειλικρινείς και δήθεν φανατισμένους στο όνομα της αλήθειας που γνώρισα, ήσουν η χειρότερη εκδοχή τους.

Αν αμφιβάλλεις, τόλμησε να με αντικρίσεις και να έρθεις αντιμέτωπος με τις πληγές που μου προκάλεσες.

Φαντάζομαι πως θα σου είναι πιο δύσκολη η ειλικρίνεια που δεν λερώνεται από τον εγωισμό και τα συμφέροντά σου.

Το μόνο που μετανιώνω είναι ότι δεν σου ψιθύρισα περισσότερα «σ' αγαπώ», όσο ακόμα είχα φωνή και προλάβαινα.

Κάθε δευτερόλεπτο κοντά σου άξιζε την κάθε αυγή και το κάθε σούρουπο της μέρας μου.

Μακάρι να πέθαινε εκείνο το ξημέρωμα, να μην ερχόταν ποτέ εκείνο το βράδυ.

Η πιο γενναία απόφαση της ζωής μου ήταν να σεβαστώ τα λάθη και τις αδυναμίες σου.

Και έπειτα, το πρώτο βήμα στο μονοπάτι του κενού που ξεδιπλώθηκε μπροστά μου.

Αν ήξερα ότι θα σε αγαπούσα τόσο πολύ τις ώρες που έψαχνα την παρουσία σου, τη φωνή σου, το γέλιο σου, το άγγιγμά σου, θα τις αφιέρωνα ψάχνοντας νερό, για να μπορώ, ίσως μια μέρα, να σβήσω εμάς.

Σκέψεις, συνέπειες του πόνου που αγκομαχάει στον διάφανο ουρανό του χρόνου, με συναισθήματα αθέλητα και πικρά.

Ύστερα, νιώθω τυχερή και ευλογημένη για ό,τι μας συνέβη.

Αλλάζω γνώμη, σε αγκαλιάζω **σεβαστικά** και συνεχίζω να σε κρατάω σφιχτά.

Σου ξεπλήρωσα τα πιο μεγάλα σου ψέματα
με τα πιο αθώα μου αισθήματα.

Τώρα ξέρω τι χρειάζεται για να επιζήσουν αιώνια οι μεγάλοι έρωτες, οι αγάπες και τα αισθήματα:

Καρδιά, χαρτί και μελάνι.

THEOFANI

Πίσω από σκοτεινά γυαλιά καλύπτεις τον καθρέφτη της ψυχής σου.

Πες μου, ποια συνθήκη σε πλήγωσε και κρύβεσαι;

Ακόμα και ο ήλιος ζηλεύει τη λάμψη που εκπέμπει το βλέμμα σου.

Άφησέ με να χαράξω τα σημάδια της αγάπης στα σπλάχνα σου.

Άσε με να σε αγαπώ με τέτοιο τρόπο, ώστε η ευτυχία να γίνει αφόρητη για σένα.

Άσε με να μπω στην καρδιά σου, και μετά κλείδωσέ την και ξέχασε με εκεί για πάντα.

Εκείνη τη νύχτα αποκοιμήθηκα για πρώτη φορά μόνη, στη φωτιά σου.

Απελπισμένη...

Εγκλωβισμένη...

Χαμένη και πληγωμένη…

Προσπαθούσα να ζεστάνω την παγωμένη από τον πόνο ψυχή μου με τη φλόγα που μου είχε απομείνει από τη δική σου ψυχή.

Εκείνο το βράδυ μου έσωσε την ίδια τη ζωή.

Και έτσι, το επόμενο πρωί, την κράτησα με στοργή στα αδύναμα χέρια μου, την τοποθέτησα στην καρδιά μου, και με ένα φιλί της υποσχέθηκα ότι όσο χτυπάει η καρδιά μου θα ζούμε μαζί και δεν θα την αφήσω να χαθεί.

Την φρόντισα με πίστη και αφοσίωση, ποτίζοντάς την με Ψυχή και Αγάπη.

Μέρα με τη μέρα, χρόνο με τον χρόνο, μεγάλωνε και μεγάλωνε, ώσπου η φλόγα έγινε Ήλιος.

Ένας μεγάλος, φωτεινός, καθαρός, πύρινος ήλιος.

Και έτσι έμαθα, ότι ο ήλιος είναι φτιαγμένος από φωτιά, ψυχή και αγάπη.

Και όταν αυτό το σώμα της ύλης πάψει να υπάρχει, θα βρει τη θέση του στο σύμπαν για να λάμπει χαμογελώντας αιώνια.

Κάθε πρωί που κοιτάζω τον ήλιο, χαμογελάω στη γυναίκα που φρόντισε τη δική της φλόγα.

Είναι πραγματικά γενναία, δυνατή, και η ψυχή της στ' αλήθεια όμορφη.

Τις στιγμές που δεν αντέχω…

Στέκομαι απέναντι από την καρδιά μου και συλλογίζομαι:

Τι μπορώ να κάνω έξω από αυτήν, για αυτήν.

Σου είπα ψέματα όταν είπα ότι σε αγάπησα τρελά.

Χρειάστηκε να περάσουν χρόνια για να καταλάβω ότι **στην αγάπη η τρέλα είναι συνώνυμο.**

Στην πιο έντονη ανάγκη μου να φύγω, υπάρχει η πιο μεγάλη μου επιθυμία για εγκατάσταση.

Τα μάτια σου είναι το μέρος που θέλω να μείνω, χωρίς να ονειρεύομαι.

Νοιώθω μόνη, αβοήθητη και απελπισμένη.

Η ψυχή μου εξουθενώνετε μέρα με την μέρα
και διευθύνει τη ζωή μου παράλογα.

Στα όνειρα, στην αγάπη και στα μάτια σου,
όλα ήταν όμορφα.

Τώρα μπορείς να μεταφράσεις την θλίψη στα
μάτια μου.

Η αγάπη είναι ο χιτώνας που φορά ο Έρωτας ως προμετωπίδα, για να ζεστάνει την ευάλωτη, συναισθηματική γύμνια του.

Αν τελικά οι έρωτες καταλήγουν να κατοικούν σε μουσικές νότες και στίχους, γιατί ο δικός μας, ενώ ξεκίνησε μελωδικά, βρήκε καταφύγιο στη σιωπή;

***Ε**ίσαι ο λόγος που με έκανε να επαναλάβω τις περισσότερες φορές στην ζωή μου: «Θα το περάσω και αυτό».*

Και ενώ οι φορές υπήρξαν αμέτρητες, πάντα έβλεπα τον εαυτό μου κολλημένο στο πρώτο δευτερόλεπτο της ώρας μηδέν.

THEOFANI

Αγάπη μου.

Κάθε βράδυ το φεγγάρι ξεκλειδώνει την ψυχή μου για να μπορέσει να μεγαλώσει.

Δεν ξέρω πόση αγάπη μπορεί να χωρέσει μέσα της.

Προσεύχομαι να έρθει η νύχτα που θα μπορέσω να ανοίξω την καρδιά μου χωρίς να κλάψω όταν σε αντικρίσω.

Όσο σκληρή κι αν με έχει κάνει η ζωή και το ψέμα του χρόνου, η φωνή μου πάντα μαλακώνει όταν σου μιλάω.

Είναι που δεν σκέφτομαι με τη θλίψη που σφίγγει την καρδιά, αλλά με την ομορφιά που υπομένει ακόμα στη ζέστη.

Οι λέξεις χάνονται στη σιωπή του νου μου, καθώς η φωνή σου χορεύει στης θύμησης μου τα αδιέξοδα και στα όμορφα, υπομένα σου ψέματα.

Είσαι πιο όμορφος σαν αόρατη αλήθεια, αγάπη μου.

Κάθε τέτοια εποχή παρατηρώ γύρω μου τη φύση να ανθίζει.

Είναι κάτι που πάντα αγγίζει την ψυχή μου, μαγνητίζει το βλέμμα μου και με κάνει να χαμογελώ.

Πόσο όμορφη και δίκαιη είναι με όλα τα ζωντανά που την περιβάλλουν, σε αντίθεση με τους ανθρώπους.

Σήμερα, επιστρέφοντας στο σπίτι, στάθηκα δίπλα στον κορμό μιας φλαμουριάς.

Το άρωμά της ανακατευόταν με εκείνο του νυχτολούλουδου που βρισκόταν κάπου εκεί γύρω.

Για κάποιο λόγο, οι μυρωδιές τους μου θυμίζουν πάντα εμάς.

Έκλεισα τα μάτια και εισέπνευσα βαθιά τον φρέσκο αέρα και την ευωδιά, παίρνοντας μια μικρή θεραπεία για τη θλίψη μου.

Να ήξερες πόσο θα ήθελα να σε δω ξάφνου μπροστά μου, να μου χαμογελάς κάτω από τα ανθισμένα κλαδιά, εκείνο το δευτερόλεπτο που άνοιξα τα μάτια μου.

Να ανθίσει η καρδιά μου και να φύγει αυτός ο χειμώνας της θλίψης που με βαραίνει ατελείωτα.

Συνέχισα να προχωρώ.

Οι σκέψεις μου, αν και μελαγχολικές, ευωδίαζαν γλύκα με την ανάμνησή μας.

Ίσως σε μια άλλη ζωή να μας βρει αυτή η στιγμή μαζί, και στ' αλήθεια ολοκληρωμένους.

Κόλαση και παράδεισος.

Μικρή απόσταση, ίση με ένα άγγιγμα.

Με άπειρη διάρκεια, παράλληλη και αντίθετη ροή στο ρολόι που μετρά τον χρόνο της ψυχής.

Σκέφτομαι πόση ευτυχία χάθηκε…

Και οι κιθάρες στο αγαπημένο σου τραγούδι, που άλλοτε ήταν στολίδι ευτυχίας στην ψυχή μου, σήμερα κλαίνε στους χτύπους της καρδιάς μου και δακρύζω μελωδίες, αγάπη μου.

Δακρύζω μελωδίες, αισθήματα, φωτιά και άνθη αλατιού.

Μοίρα μου,

Αν ήταν να έχω τόσα αισθήματα και τόση αγάπη στην ψυχή μου, γιατί μου έφερες αυτόν στη ζωή μου;

Γιατί;

Πόσες σκέψεις και αισθήματα έσφιξα στις γροθιές μου, γιατί δεν είχαν άλλο τρόπο να ξεσπάσουν.

Τρέμει το σώμα μου από τον πόνο της ψυχής μου, και όλα τα «νιώθω» μου τα κρατάω στην άδεια, από το γλυκό σου χέρι, χούφτα μου.

Σε ποιο μάρμαρο να χτυπήσω το χέρι για να τα διαλύσω;

Στις πιο σκοτεινές και μαύρες νύχτες της ψυχής μου, ηχούν οι ισχυρότερες προσευχές μου, καθώς χορεύουν αγκαλιασμένες με τον άυλο ρυθμό των πιο καθαρών πνευματικών ανέμων.

Εκεί, νανουρίζω κάθε νύχτα με συγκίνηση τις αναμνήσεις μας, με τα τραγούδια που μου χάρισες.

Ήρθες.

Γέμισες την καρδιά μου με αισθήματα, αλλά φεύγοντας ξέχασες να την αδειάσεις.

Χρειάστηκε ένα θραύσμα δευτερολέπτου για να σε ερωτευτώ.

Ένα λεπτό για να σε εμπιστευτώ.

Μια στιγμή για να σου παραδοθώ.

Πες μου, πόσα κομμάτια αιωνιότητας χρειάζομαι για να ξεχάσω ότι σε αγαπώ;

Η φαντασία μου μπορεί να καλπάσει στις πιο απίθανες σκέψεις, να χτίσει τους πιο παράξενους και όμορφους κόσμους.

Ένα πράγμα δεν μπόρεσε να χωρέσει σε αυτήν.

Η απουσία σου.

Γέμισα το σπίτι μου με ρολόγια που δεν λειτουργούν.

Μια διακόσμηση με όλες τις στιγμές που θα ήθελα να ζήσουμε ξανά και να σταματήσει ο χρόνος.

THEOFANI

Αγάπη μου.

Σαν σήμερα αντίκρυσα τα μάτια σου για πρώτη φορά.

Από εκείνη την ημέρα, αυτή η εικόνα δεν έφυγε ούτε μία στιγμή από μέσα μου.

Έδωσα και εξακολουθώ να δίνω πολλές μάχες για να μην ξεθωριάσουν οι μνήμες μου, οι σκέψεις μου.

Και κάθε φορά που τα πάει και τα φέρνει ο καιρός, και μαυρίζει τα πάντα η ψυχή μου, κλείνω τα μάτια και σχηματίζω με τα δάχτυλά μου μόνο τη μορφή σου, ανάμεσα στο μαύρο και στο κενό.

Και εμφανίζεσαι πάλι μπροστά μου, μέσα σε κυλίδες φωτός που μεγαλώνουν και απλώνονται γύρω σου.

Και ένα χρυσό νήμα αρχίζει και τελειώνει στο όμορφο χαμόγελό σου, που με τόση δύναμη αγάπησα και με όλη την στοργή μου φίλησα.

Χάιδεμα στα χείλη σου από τα χείλη μου.
Άγγιγμα στην καρδιά σου από την καρδιά μου.

Φωτιά σου από τη φωτιά μου.

Μου λείπεις φρικτά.

Στη μελαχρινή μου γη, που περιστρέφεται σε κύκλους συναισθημάτων που δεν κλείνουν…

Συνέχισα να προχωράω, φτιάχνοντας δικά μου μονοπάτια ανεβαίνοντας τα βουνά της ζωής.

Συνάντησα ανθρώπους που προσπάθησαν να ρίξουν σκόνη στην καθαρή μου καρδιά.

Τότε φύσηξα αέρα για να την καθαρίσω, και η φωτιά σου δυνάμωσε και τους έκαψε.

Σε κάθε κορυφή που φτάνω με επιτυχία, βρίσκω τις πιο ωραίες θέες.

Πάντα, με μια γλυκιά σκέψη και ένα κουρασμένο αλλά συγκινημένο χαμόγελο, σου τις χαρίζω.

Σε όλη αυτή τη διαδρομή, έμαθα μαζί σου ότι, στην πραγματικότητα, δεν υπάρχουν όμορφα τοπία.

Τα αισθήματα κάνουν τα πάντα όμορφα.

Σου χαρίζω, λοιπόν, όλα τα τοπία συναισθημάτων που ομόρφυναν το βλέμμα και την ψυχή μου…

Μετά από κάθε αγώνα, κάθε μάχη, κάθε επιτυχία, κάθε θάρρος που χρειάστηκε για να παραμείνω ο εαυτός μου σε έναν κόσμο προσποίησης.

Αν αναρωτιέσαι αν το αξίζεις, σου λέω ότι **οι άνθρωποι δεν είναι τέλειοι.**

Η Αγάπη όμως είναι!

Και εγώ σ' αγαπώ!

Σήμερα, κάποιος μου είπε ότι έχω καθαρό βλέμμα.

Μια όμορφη σκέψη. Με έκανε να χαμογελάσω.

Πού να ξέρει, όμως, ότι ξεπλένω την ψυχή μου κάθε βράδυ με δάκρυα;

Πού να ξέρει ότι παλεύω να την κρατήσω καθαρή, σε έναν κόσμο που λερώνει ό,τι όμορφο γεννιέται;

Τι να περιμένεις από τους ξένους, όταν σε έχουν πληγώσει αυτοί που αγαπάς;

Λένε ότι **κάθε πληγή είναι ένα καινούργιο ξεκίνημα.**

Η δική μου πληγή, όμως, δεν κλείνει ποτέ.

Σε ευχαριστώ που με έκανες να ξεκινάω κάθε μέρα από την αρχή.

Σε ερωτεύτηκα.

Με ερωτεύτηκες.

Και **ο ίδιος ο έρωτας ερωτεύτηκε εμάς** με τον πιο αγνό του τρόπο.

Δυνατά, όμορφα, αβίαστα, γλυκά, ξεκάθαρα συναισθήματα, που μπορέσαμε να εκφράσουμε μόνο με τη γλώσσα της αγάπης.

Τι κρίμα που τίποτα αγνό δεν επιβιώνει σε αυτόν τον άσχημο κόσμο.

Και αν η αγάπη φαντάζει ευλογημένη στην ψυχή μου, αυτή η φαινομενική αιωνιότητα στον πόνο με διαλύει ακατάπαυστα.

Αναγκάζομαι συνέχεια να αναγεννιέμαι από τη στάχτη μου.

Πιο δυνατή, πιο σκληρή, πιο σοφή, πιο θετικά εξελισσόμενη και ισχυρή.

Μα πάντα, πάντα λυπημένη, αγάπη μου.

Αν αναρωτιέσαι γιατί σε κράτησα, πες μου:

Ποιον άνεμο θα μπορούσα να αφήσω να φυσήξει στη φλόγα της καρδιάς μου για να την σβήσει, αφού ήξερα ότι θα μου έπαιρνε την ίδια τη ζωή;

Ο ουρανός στις νύχτες μου παίρνει το χρώμα της φωτιάς.

Και έτσι απλά, συνειδητοποίησα ότι **με καταδίκασες να βλέπω πάντα πύρινους ορίζοντες, που μοιάζουν με ηλιοβασιλέματα.**

Σε ερωτεύομαι μελαγχολικά και ασταμάτητα.

Όλα τα τοπία σιωπηλά και αμίλητα.

Κι όμως, όλα υπήρξαν κάποτε τόσο φλύαρα και ευτυχισμένα, όταν γέμιζαν με το βλέμμα μου, που ήταν γεμάτο προσμονή και λάμψη.

Αμέτρητα χαμένα λεπτά, για να γιορτάσει το ένα τη στιγμή που σε αντίκριζα.

Η σιωπή πλέον για μένα είναι εθιστική.

Μέσα σε αυτή, καμία συννεφιασμένη σκέψη δεν μπορεί να λερώσει ένα ηλιόλουστο συναίσθημα.

Καθαρτήριος τόπος της ψυχής μου, όπου μέσα στην ηρεμία της έχω κρατήσει όλη την ομορφιά της καρδιάς μου, την αγιασμένη φλόγα μου και τα πιο σπάνια δώρα που μου δόθηκαν, χωρίς κίνδυνο πια.

Έσπασες την καρδιά μου στα χέρια σου.

**Ελπίζω να μην σε έκοψα, χωρίς να το θέλω,
αγάπη μου.**

Ε*ίναι τόσο περίεργο…*

Νιώθω πως η καρδιά μου έχει παγώσει, αλλά τα δάκρυά μου συνεχίζουν να χύνονται καυτά στα μάγουλά μου…

THEOFANI

Αγάπη μου.

Συνώνυμο της ψυχής μου και μοναδικέ μου.

Απόψε η νύχτα χορεύει σε ονειρικά περάσματα δίχως πυξίδα.

Η αγάπη οργώνει πεδία στο πνεύμα μας και ξεφυσάει πνοή στις αδιάκοπες πορείες των καιρών που μας βρίσκουν χώρια.

Μνήμες με ψυχή, που κουβαλάνε τις ανάσες μας, αναδύουν μελωδίες και περιπλανιούνται στο σκοτάδι, αναζητώντας καταφύγιο στους αστερισμούς των ονείρων.

Μέσα στην αίσθηση της απόκοσμης ηρεμίας, θα κρύψω το πέπλο της θλίψης που με σκεπάζει και θα σε κρατήσω σφιχτά, μέχρι να έρθει το ξημέρωμα.

Σήμερα η μέρα μου χαμογελά από το πρωί.

Μια τρυφερή γαλήνη στο πνεύμα και στην καρδιά μου κάνει την ψυχή μου να δονείται συθέμελα απόψε.

Έμαθα να είμαι χαρούμενη με την καρδιά μου, όπου κι αν είμαι.

Βλέπεις, **οι μεγάλοι έρωτες κοιτάζουν τον ίδιο νυχτερινό ουρανό από διαφορετικά μπαλκόνια.**

Σε σκέφτομαι με τα πιο γλυκά μου αισθήματα.

Μακάρι να το νιώθεις σαν απαλό άγγιγμα στο στήθος σου.

Ακόμα και το παράπονό μου, απόψε, χαμογελά.

Μια βαθιά ματιά στην ψυχή μου, και **οι σιωπηλές μου σκέψεις** ξεπλένονται και δροσίζονται στο εσωτερικό μου φως.

Νιώσε με.

Μόνο για λίγο, νιώσε με και ύστερα φύγε, αγάπη μου.

Σου υπόσχομαι να σε χαιρετήσω με το πιο όμορφο χαμόγελό μου, και ύστερα θα αφήσω τη νύχτα να μας κρίνει.

Τη νύχτα που αγαπώ τόσο πολύ.

Αυτή σε έφερε στον δρόμο μου, αυτή με αγκάλιασε όταν έμεινα μόνη, αυτή μου έδωσε την ευκαιρία να σε συναντήσω ξανά σε κάποιο όνειρο.

Πολύτιμη σύμμαχος και συνοδοιπόρος του έρωτα και της αγάπης.

Όμορφη, στ' αλήθεια όμορφη και στοργική.

Σκοτεινή αγαπημένη.

Αγάπη μου.

Το άγιο χώμα που πήρε ο Θεός από τους κήπους του για να μας πλάσει, ήταν ποτισμένο με αγάπη και δάκρυα.

Είσαι η πνοή που δίνει το συναισθηματικό οξυγόνο στην όμορφα δημιουργημένη ύπαρξή μου.

Ένα φιλί από τη φλόγα σου χρειάζομαι, για να αναζωπυρωθεί η φωτιά μου και να ολοκληρωθώ.

Μιλάω στην καρδιά μου για την ευτυχία, αλλά και για τον πόνο, λέγοντάς της την ιστορία μας από την αρχή.

Και εκείνη δακρύζει, ακούγοντας μόνο: **“ΑΓΑΠΗ”.**

Είσαι η πιο σημαντική, η πιο αγαπημένη και μακροχρόνια οικειότητά μου.

Σου μιλάω κάθε βράδυ, και πάντα με καταλαβαίνεις.

Μου χαϊδεύεις στοργικά τα μαλλιά και, πριν κοιμηθώ, πάντα μου χαμογελάς.

Άραγε, όταν κοιμηθώ για τελευταία φορά σε αυτόν τον κόσμο, θα κάνεις το ίδιο;

Αγάπη μου.

Αγάπη μου… γιατί μόνο στην καρδιά μου
τολμώ να αναφέρω το όνομά σου.

**Αν ο παράδεισος έχει ακροθαλασσιά,
υποσχέσου μου μια βόλτα, κρατώντας μου
σφιχτά το χέρι.**

Ξέρεις,

Δεν ψάχνω πια για απαντήσεις. Τις έχω βρει.

Κάθε φορά που κλείνω τα μάτια, βλέπω τον εαυτό μου να στέκεται μπροστά σε μια όμορφη και γαλήνια θάλασσα.

Και εκεί που το ροζ και το κόκκινο ζωγραφίζουν αχνά στο μπλε του ορίζοντα, πάντα σε βλέπω να με πλησιάζεις και να μου χαμογελάς.

Αυτή την απάντηση επέλεξα σε όλα τα ερωτηματικά μου και στις ανθρώπινες, αδύναμες στιγμές μου.

Και όλα γίνονται πιο όμορφα.

Γιατί, πάνω από όλα τα θέλω μου, είναι να είσαι ευτυχισμένος και να χαμογελάς.

Όσο άσχημα και επώδυνα…

Τα Πάντα και Όλα, μόνο γι' αυτό το χαμόγελο.

Δεν είναι που χάιδευα το πρόσωπο και το σώμα σου απαλά με τις άκρες των δαχτύλων μου.

Είναι που ό,τι άγγιζα το ζωγράφιζα μέσα μου.

Ζωγράφιζα τη μορφή σου, τα αισθήματά σου, την ενέργειά σου… τα πάντα σου μέσα μου.

Και έδωσα ψυχή από την ψυχή μου. Καρδιά από την καρδιά μου.

Και όταν σε έκανα να χαμογελάς, και έβλεπα την ευτυχία όλου του κόσμου…

Πήρα με τα μάτια μου αυτό σου το χαμόγελο και το κράτησα κι αυτό.

Έγινε η ζωή μου, η ψυχή μου, η καρδιά μου, το σώμα μου... θησαυροφυλάκιό σου.

Ο έρωτάς μου, περνώντας στην αιωνιότητα, θα έχει πάντα νιάτα, μαύρα μαλλιά και μαύρα γένια.

Δεν θυμάμαι κανέναν σοφό χωρίς άσπρες τρίχες και σημάδια από τον χρόνο.

Σοφός και αιώνια νέος!

Μαγικό!

Μία μαύρη σελίδα της ιστορίας μας μου δίδαξε μια πολύ σκληρή πραγματικότητα.

Ξέρεις ποια είναι αυτή;

Ανάμεσα στην ΑΛΗΘΙΝΗ ΑΓΑΠΗ και τα ΠΑΡΑΜΥΘΙΑ, κερδίζουν τα παραμύθια.

Αλλά τότε, χάνεται η ΑΛΗΘΙΝΗ ΖΩΗ

THEOFANI

Άφησε το χέρι σου ανοιχτό απόψε και κλείσε το απαλά στην πλάτη μου, όπως έκανες πάντα.

Έχω τόσο μεγάλη ανάγκη την αγκαλιά σου απόψε.

Προσποιήσου ότι με αγαπάς, ότι με αγαπάς και σήμερα.

Άφησέ με να νιώθω ασφαλής και ευτυχισμένη ξανά μέσα στα χέρια σου.

Πήγαινε με εκεί, που ριγούσε το σώμα μου πλάι στο δικό σου και οι σιωπές μας ερωτεύονταν, κάνοντας θόρυβο στα χαμόγελά μας, εκπέμποντας έρωτα και φως.

Κάνε με να κλάψω ξανά από ευτυχία και να ξεπλύνω όσα «μου λείπεις» ούρλιαξα στην πληγωμένη μου καρδιά, μαζί με το όνομά σου.

Μείνε δίπλα μου, να πάψω να νιώθω μόνη, και κράτησέ μου τα μαλλιά καθώς θα ξεφυσάω στο πάτωμα καυτές ανάσες πόνου, γεμάτες από το δηλητήριο της απόγνωσης.

Μείνε δίπλα μου και κράτησέ με.

Κράτησε με.

Σε χρειάζομαι.

Αγάπη μου.

Έκανα πεντακόσια χιλιόμετρα για να πω σε ένα ηλιοβασίλεμα ότι **μου λείπεις,** λίγο πριν σβήσει στη θάλασσα που χάιδευες με το βλέμμα σου.

Και τα χιλιόμετρα έγιναν χίλια…

Δυο χιλιάδες…

Τρεις χιλιάδες…

Τέσσερις…

Είμαι πάλι σήμερα εδώ, αγάπη μου, και τα αισθήματά μου έπαψαν να είναι μαθηματικά, όπως μου έμαθες από τις πράξεις σου, και έγιναν **λογοτεχνία και ποίηση** που έγραψα στα κύματα με τα μάτια μου καθώς τα αντίκριζα.

Καθώς σε αντίκριζα.

Μου λείπεις…

Μου λείπεις…

Μου λείπεις…

Και σου αφήνω εδώ, μπροστά στη θάλασσα, ακόμα μια στοίβα από **ξοδεμένα όνειρα και αθώα αισθήματα που μάζεψα κι αυτόν τον χρόνο από τους κήπους της θύμησής σου.**

Φεύγω χαμογελώντας, γιατί έτσι σε νιώθω καλύτερα, αγάπη μου.

Αγάπη μου!

Και εύχομαι να τύχει να αντικρίσεις αυτή τη θάλασσα και να την ακούσεις, γιατί έχει μέσα της **κάτι που σου ανήκει,** κάτι που σου μιλάει, **κι ας μην το ξέρεις.**

Δέκατη ημέρα του νέου χρόνου που γεννήθηκε, κι όλες οι προσευχές μου μοιάζουν με δέκα χρόνια ατέρμονα.

Σαν σήμερα, τυλίχτηκα πρώτη φορά στο παλτό σου και μέθυσα με τη μυρωδιά σου, το βλέμμα σου, τα χείλη σου, το άγγιγμά σου.

Κλαίω...

Κλαίω...

Κλαίω...

Πόσο δυνατός είσαι, για να μπορείς να με λυγίζεις ακόμα και σήμερα;

Μνεία στην τελευταία φορά που κάναμε έρωτα, χωρίς να γνωρίζουμε ότι θα ήταν η τελευταία.
Στην τελευταία φορά που φιληθήκαμε με ηλεκτροφόρο πάθος και ενώθηκαν οι ψυχές μας.

Στο τελευταίο «σ' αγαπώ» που βγήκε από τα χείλη και τις ματιές μας.

Στο τελευταίο άγγιγμα.

Στην Αθήνα άφησα την πίστη μου.

Από τότε, σε όλα μου τα ταξίδια, όπου λείπει η αγάπη και η παρουσία σου, οι πόλεις γίνονται κοιμητήρια.

Αρνούμαι να δεχτώ ότι η καρδιά μου μπορεί να κάνει ένα τόσο μεγάλο λάθος.

Το λάθος είναι στη δική σου καρδιά, που σε εγκατέλειψε.

Είναι ασέβεια να εγκαταλείπεις την αγάπη, ακόμα και με τον θάνατο.

Αγάπη

'Ερωτας

Εμπιστοσύνη

Ευτυχία

Πάθος

Πόνος

Πένθος...

Δεν υπάρχουν ορισμένες αποστάσεις ανάμεσα στις λέξεις και τα αισθήματα, αγάπη μου.

Από τη συνάθροιση του "Εμείς" ορίστηκαν τα πάντα.

«Είναι η πρώτη φορά που θα σε αποχωριστώ, και νιώθω ότι δεν το αντέχω…

Πήγαινε και γύρνα πίσω γρήγορα…

Θα σε βλέπω πάλι για λίγες ημέρες από μακριά, στο πράσινο δωμάτιο, αλλά δεν θα μπορώ να σε αγγίζω…»

Και εγώ, αγάπη μου, βλέποντας για πρώτη μου φορά το βλέμμα σου μελαγχολικό, **δεν έφυγα!**

Μέσα σε άπειρες στιγμές γεμάτες συναισθήματα, ένιωσα την ανάγκη να ακούσεις την καρδιά μου.

Ύστερα, σκέφτηκα πως ίσως να σε έκανα να κλάψεις.

Γι' αυτό είναι καλύτερο να μην μάθεις ποτέ.

Ξέρεις, αγάπη μου, το "ΕΓΩ" που μας ακολουθεί είναι δύσκολο να ζει πάντα σε ειρήνη με την αγάπη.

Όμως εγώ, πιο πάνω από το "ΕΓΩ", θα βάζω πάντα εσένα.

Αγάπη μου.

Ακούω τα λόγια της ψυχής σου στα μεγάφωνα της καρδιάς μου, όταν μου έλεγες:

«…Είσαι και θα είσαι ο μεγαλύτερος έρωτας της ζωής μου. Ο μεγαλύτερος έρωτας και η μεγαλύτερη μου αγάπη.

Το απόλυτό μου. Μην το ξεχάσεις ποτέ αυτό.

Αυτό που αισθάνομαι για σένα, αυτό που έχουμε εμείς, έχει διαγράψει όλο μου το παρελθόν.

Δεν μπορείς να καταλάβεις το μέγεθος αυτών που σου λέω και αισθάνομαι.

Έχεις διαγράψει, έχεις μηδενίσει όλα όσα έχω ζήσει μέχρι σήμερα. Μου έχεις πάρει τα πάντα: μυαλό, ψυχή, καρδιά… τα πάντα.

Είσαι αυτό που πάντα ονειρευόμουν και δεν πίστευα ότι υπάρχει.

Δεν μπορούσα να φανταστώ ότι υπάρχεις.

Δεν μπορούσα να φανταστώ ότι υπάρχεις και υπάρχει πιθανότητα να σε βρω.

Είσαι το πιο τέλειο φιλί που είχα ποτέ. Σε φιλάω και τρελαίνομαι.

Νιώθω σαν να μην είχα φιλήσει ποτέ ξανά στη ζωή μου.

Όλος ο κόσμος θυμάται ως κάτι ξεχωριστό το πρώτο φιλί που έδωσε – εσύ έχεις διαγράψει ακόμα και αυτό.

Ο πιο τέλειος έρωτας… Η απόλυτη χημεία και ένωση…

Ο χαρακτήρας σου, το μυαλό σου, το χιούμορ σου, ο δυναμισμός σου. Αυτά τα μάτια σου, τα χείλη σου, το δέρμα σου.

Σε αγγίζω και τρέμω ολόκληρος.

Εγώ δεν πίστευα σε αυτό που λένε «το άλλο μου μισό», αλλά μαζί σου το ένιωσα αυτό. Το ένιωσα, το ζω και έχω τρελαθεί.

Δεν ξέρω τι πρέπει να κάνω.

Δεν είναι μόνο ότι είδα ότι μου μοιάζεις ή ταιριάζουμε. Είναι ότι μαζί σου νιώθω να είμαστε το πραγματικά ολόκληρο.

Σκέφτομαι όσα θέλω να κάνουμε μαζί. Μέρη που θέλω να σε πάω και ξέρω ότι θα σου αρέσουν.

Σκέφτομαι πώς θα είναι να ξυπνάω κάθε μέρα και να σε έχω δίπλα μου. Να είσαι το πρώτο πράγμα που βλέπω μόλις ξυπνάω. Αυτό θέλω.

Σκέφτομαι πώς θα είναι το σπίτι μας, η καθημερινότητά μας.

Πώς θα ήταν ένα παιδί φτιαγμένο από τον έρωτά μας, που να έχει τα μάτια σου.

Νιώθω παράλογος με αυτά που σκέφτομαι.

Είσαι η γυναίκα της ζωής μου.

Πώς να σταματήσω να αισθάνομαι, να σκέφτομαι και να ονειρεύομαι;

Χτες που βγήκα, σκεφτόμουν συνέχεια: "Τι κάνω εγώ εδώ; Τι κάνω με αυτούς; Γιατί δεν είμαι με το κοριτσάκι μου; Με το προσωπάκι μου. Με τα μάτια μου. Με το χαμόγελό μου. Να την σφίγγω στην αγκαλιά μου. Γιατί είμαι εδώ αφού δεν θέλω;"

Με έχουν καταλάβει όλοι, αλλά δεν με νοιάζει.

Δεν το ελέγχω.

Το σώμα μου είναι αλλού και σκέφτομαι μόνο πώς να είμαστε συνέχεια μαζί.

Δεν θέλω να κοιμάμαι, για να σου μιλάω. Το καταλαβαίνεις;

Μετά σκέφτομαι ότι θέλω να ξεκουραστείς, για να μην μου αρρωστήσεις, αλλά και πάλι δεν θέλω να κοιμηθώ, για να σε σκέφτομαι.

Από εξάντληση με παίρνει ο ύπνος κάθε βράδυ και όχι επειδή θέλω να κοιμηθώ. Και το πρωί δεν νιώθω κουρασμένος.

Το πρώτο πράγμα που κοιτάζω είναι το τηλέφωνο, για να σου μιλήσω.

Σκέφτομαι ότι μπορεί να σε ξυπνήσω, αλλά θέλω να μου μιλάς.

Κοιτάζω το τηλέφωνο και λέω: "Έλα, μωράκι μου… Ξύπνα… Στείλε… Στείλε…" Και στέλνεις. Πιάνουν τα μαγικά μου.

Δεν μπορώ να δουλέψω.
Κάποιες στιγμές, όταν δεν μιλάμε, σκέφτομαι να αφήσω το τηλέφωνο μήπως μπορέσω να δουλέψω, αλλά σε δύο λεπτά κοιτάζω αν μου έστειλες κάτι.

Δεν μπορώ να κάνω τίποτα στις υποχρεώσεις που τρέχουν.

Κάνω και αυτά που κάνω, τα κάνω με το ζόρι και εντελώς μηχανικά.

Σήμερα πήρα το αυτοκίνητο για τη δουλειά, γιατί δεν μπορούσα να οδηγήσω τη μηχανή. Όχι τίποτα άλλο… αν έπεφτα, θα έπρεπε να τρέχω σε κάποιο νοσοκομείο ή συνεργείο και δεν θα μπορούσα να σε δω.

Όλο το μυαλό μου είσαι
εσύ……………………………………………
……………………………………………..
……………………………………………»

Και έπειτα, έπεσε θύμα σκληρής και βάναυσης κακοποίησης ο έρωτας και η αγάπη από την ακαθόριστη, παράλογη λογική, τους φόβους, τις ανασφάλειες και τους επιτήδειους.

Και η ζωή μου…

Και η καρδιά μου…

Μια ευθεία γραμμή.

Και ήρθε η μέρα που το «Π»
του πόνου έγινε το «Δ» της
δύναμης.

Και τα όνειρά μου έγιναν πιο
φωτεινά από τις αναμνήσεις
μου.

Και κατάλαβα ότι το «Α» της
αγάπης είναι ατομικό δώρο
και ευθύνη των λίγων.

THEOFANI

Μέτρησε όλο τον χρόνο σε
δευτερόλεπτα.

Ίσως μπορέσεις να πάρεις μια
γεύση από τη θλίψη που ματώνει
την ψυχή μου αδιάκοπα.

Συνήθισα να αντιλαμβάνομαι τον
πόνο της καρδιάς μου ως σημάδι
ότι είναι ακόμα ζωντανή.

Απ' όλα τα δάκρυα στερήθηκα μόνο
εκείνα της αθώας και ανέμελης
χαράς που κάποτε κράτησες στα
χέρια σου.

Χρόνια ολόκληρα βουλιάζουν τα
αισθήματα και οι σκέψεις μου στο
κενό…

Μα την υπόσχεσή μου, θέλω να
ξέρεις ότι την κράτησα.

Σε κράτησα!!!

THEOFANI

ΜΟΝΩΔΗ

www.ingramcontent.com/pod-product-compliance
Ingram Content Group UK Ltd.
Pitfield, Milton Keynes, MK11 3LW, UK
UKRC030858270125
454277UK00006B/24

* 9 7 8 6 1 8 0 0 5 6 6 8 6 *